AF340502

NOTICE

SUR

LÉONIE-ANNE-JACQUELINE

DUPUIS,

FEMME DE JULES BOUR,

décédée dans sa 25ᵉ année.

NOTICE

SUR

LÉONIE-ANNE-JACQUELINE

DUPUIS,

FEMME DE JULES BOUR,

décédée dans sa 25ᵉ année.

A mon cher et bon ami Jules BOUR.

Léonie a vécu comme un ange sur terre,
Elle était douce et bonne. Elle a vécu ! Pleurez !
Oh ! oui, pleurez l'épouse ! oh ! oui, pleurez la mère !
N'oubliez pas qu'au ciel Dieu réside, espérez !
Il faut vous répéter, ami, dans la tristesse,
Elle n'existe plus !!... c'est Dieu qui l'a voulu.

A. BEAUGRAND.

29 mars 1871.

Sursum corda !

LE 27 mars 1871 s'éteignit à Paris une existence courte, mais bien remplie. Dieu se plaît quelquefois à frapper de ces coups inattendus, qui saisissent, effrayent et remplissent de stupeur. Autour du lit mortuaire se trouvaient un jeune homme abîmé dans sa douleur et une charmante petite fille pleurant, mais ne comprenant pas encore qu'elle venait de perdre sa mère.

C'est pour ce pauvre jeune homme, dont la vie semblait déchirée, c'est pour cette pauvre enfant si jeune que j'ai résolu d'écrire ces quelques lignes; la sympathie en fera les frais bien plus que le talent.

LÉONIE-ANNE-JACQUELINE DUPUIS naquit à Paris le 31 août 1846 au milieu du deuil et de la tristesse, comme elle le disait plus tard elle-même; car, hélas! Dieu avait déjà rappelé son père avant sa naissance, et huit mois après sa mère allait le rejoindre! Pauvre orpheline! si jeune! à peine entrée dans la vie! mais Dieu veillait sur elle; il lui laissa, pour tuteur et pour père, un saint et excellent homme (1), un grand-oncle du côté de son père, qui reporta sur cette pauvre petite créature, si intéressante par le malheur qui la frappait, tout l'amour et le dévouement dont elle avait besoin : elle fut par lui confiée aux soins d'une nourrice jusqu'à l'âge de deux ans. Il semble encore voir, à cette époque, son oncle la portant dans ses bras, et, fier de ce beau petit ange, la montrant à ses amis.

A côté de cette affection toute paternelle elle rencontra, dans une de ses tantes, sœur Adélaïde, un dévouement, une tendresse capables de remplacer, autant qu'il est possible, l'amour de la mère qu'elle avait perdue. C'est cette tante du côté paternel qui ne cessa, jusqu'à son dernier jour, de l'entourer de soins et de délicatesses inouïs. Sa vie de religieuse l'empêcha de prendre LÉONIE avec elle, elle la re-

(1) Le regretté M. Guélon

mit aux mains de deux personnes éminemment pieuses (1).
Elles pétrirent cette argile délicate et en firent un de ces
vases d'élection, dans lesquels Dieu se plaît à résider.
Jamais on ne vit nature plus souple et plus docile; elle ne
connaissait même pas ces détours que les jeunes enfants
emploient souvent pour déguiser la vérité, et l'une de ces
dignes personnes qui lui a survécu lui rendait cet hom-
mage : « Jamais LÉONIE n'a fait un mensonge, même en
riant. »

La voilà bien dépeinte d'un mot cette nature droite et
franche, craignant jusqu'à l'ombre d'une faute. C'est bien
toujours ainsi que nous l'avons connue, et tous ceux qui
ont eu le bonheur d'approcher cette jeune femme, si tôt
ravie à la terre, s'accordent pour avouer que jamais figure
plus ouverte et plus candide ne leur était apparue.

LÉONIE fut placée, à l'âge de douze ans, dans un externat
dirigé par une respectable dame (2) dont la vie entière a
été, jusqu'à ce jour, employée à faire de bonnes et solides
éducations. Elle s'étudiait d'abord à connaître le naturel et
le tempérament moral des jeunes filles qui lui étaient con-
fiées, puis elle employait telle ou telle manière pour arriver
à frapper la corde sensible. Chez LÉONIE, elle n'eut que
l'embarras du choix; c'était un de ces terrains féconds,
dans lesquels toute semence lève facilement, dans lesquels
toute plante arrive à maturité. Le cœur, la volonté, l'intelligence, tout battait à l'unisson avec l'intelligence, la
volonté, le cœur des personnes chargées de son éducation.
C'était, l'expression est juste, une nature riche et fertile.

Ses maîtresses et ses compagnes, tout le monde est d'ac-
cord aujourd'hui comme alors, pour reconnaître que jamais

(1) Mesdemoiselles Pfenty et Lallie.
(2) Madame Catry.

éducation ne fut plus facile et plus profitable. — « Elle était douce, » disait l'une. — « Quelle aménité, » reprenait une autre. — « Quel candide visage, » disaient tous ceux qui l'ont vue et aimée. Il suffisait, du reste, de l'approcher pour se sentir attiré par cet irrésistible attrait que Dieu sait mettre dans les âmes qu'il a prédestinées à mourir jeunes.

On peut dire de celles-là, avec plus de raison encore que le poète (1) :

« Quand ils ont tant de cœur, les enfants vivent peu. »

Plus que bien d'autres, il nous a été donné de juger et d'apprécier à sa juste valeur cette nature exceptionnelle. Elle reçut, en effet, le bienfait de l'éducation des mêmes mains et des mêmes cœurs qui la donnèrent à mes sœurs, et les occasions ne nous manquèrent pas pour voir à l'épreuve cette douceur sans pareille. Souvent notre mère, dont la vie entière est une vie de dévouement et de charité, obtenait que Léonie lui fût confiée : et je me rappelle avoir vu cette excellente jeune fille venant avec mes sœurs passer ses jours de congé. Quelle fête ! On y pensait longtemps d'avance et bien des jours après, on aimait à se rappeler les réponses candides, les réflexions justes, l'inaltérable douceur de cette enfant bénie.

Lorsque vint le moment solennel de la première communion, on peut se figurer aisément quelles préparations sérieuses et chrétiennes cette jeune fille prit alors pour recevoir, dans les meilleures dispositions, le sacrement le plus auguste. Comme son Dieu dût descendre avec bonheur dans ce cœur, dès longtemps préparé à le recevoir !...

C'est ainsi, du reste, qu'elle se préparait chaque fois

(1) Casimir Delavigne *Les Enfants d'Edouard.*

que Dieu demandait, de son cœur aimant, des dispositions exceptionnelles.

Un jour vint pour elle aussi où, pleine d'une douce émotion et d'une joie pure, elle s'approcha de l'autel pour unir sa destinée à celle de l'époux que Dieu lui réservait. Ce jour-là, plus que jamais, on remarqua la sérénité de son visage et la modestie de sa tenue. Tout le monde pensait et disait alors : « C'est véritablement un ange sur terre ! »

Oui, c'était un ange : la terre, hélas ! ne pouvait lui convenir bien longtemps, et Dieu, déjà, l'avait marquée d'un signe particulier, le signe des élus.

Il me revient en mémoire un charmant épisode qui se produisit après la cérémonie religieuse. La jeune épouse se trouva tout d'un coup entourée par les quatre compagnes qu'elle aimait le plus ; elle les présenta à son heureux époux, Jules Bour, en lui disant : « Monsieur, je suis heu - » reuse de vous présenter mes quatre meilleures amies. » Quel spectacle béni de Dieu ! on n'en peut douter. C'étaient les deux demoiselles Remillieux et mes deux sœurs, élevées toutes les quatre, ainsi que leur amie commune, dans l'amour de Dieu et dans l'amour du devoir. Nous les retrouverons plus tard, ces quatre compagnes inséparables, faisant encore cortége à cette jeune femme ; mais, quel cortége !.....

Du reste, si son époux fut assez heureux pour rencontrer en elle une âme exceptionnelle, il le méritait à tous égards. Pour tous ceux, en effet, qui le connaissent intimement, Jules Bour est le type du bon chrétien, du bon fils, de l'époux tendre, de l'excellent père. Aussi pouvait-on lui dire avec vérité, ce qu'une respectable personne lui disait dernièrement : « Elle était digne de vous : vous étiez » digne d'elle. »

Heureux les ménages aussi bien assortis ! On peut dire

que, surtout à notre époque si triste et si tourmentée, le meilleur souhait que l'on puisse faire pour ceux que l'on aime et pour soi, c'est de rencontrer aussi bien.

Bientôt un bonheur nouveau vint embellir son existence : une petite fille naquit de cette heureuse union, et combla d'allégresse cette jeune femme et son heureux époux. Combien alors elle bénit Dieu, qui comblait tous ses vœux ; un mari chrétien, un charmant petit être, que l'eau du baptême rendit bientôt l'enfant chéri de Dieu ! Quel bonheur ! quelle joie inénarrable !

Il ne nous appartient pas de peindre ces moments délicieux où, se rencontrant dans une mutuelle admiration, l'époux chrétien et l'épouse chrétienne reversaient, sur la tête de leur enfant, tous les rêves bien légitimes et bien naturels que la tendresse paternelle peut faire.

Quel trait d'union dans les familles chrétiennes ! quelle source de joies communes, d'espérances communes ! Un enfant, être délicieux, envoyé par Dieu sur la terre, pour en faire oublier les rudesses et les aspérités.

> « Il est si beau l'enfant, avec son doux sourire,
> » Sa douce bonne foi, sa voix qui veut tout dire,
> » Ses pleurs vite apaisés (1). »

C'était donc, partagée entre cette affection double et unique à la fois, appuyée des amitiés vives et sincères de sa famille, de ses compagnes d'études, que cette jeune femme suivait, sur cette terre d'exil, la voie que Dieu lui avait tracée. Elle semblait avoir réellement pris pour guide et pour modèle ces conseils si sages et si éclairés que lui donnait, le jour de son union, le saint prêtre (2) qui l'avait bénie :

___

(1) Victor Hugo. *Orientales.* — (2) M. l'abbé Caille des Mares

« Suppliez Dieu , ma chère enfant , lui avait-il dit , de
» développer en vous cet esprit de suavité et de bénignité
» chrétienne, qui font les épouses tendres et généreuses,
» et qui servirait merveilleusement, si on savait la mieux
» apprécier et la mieux comprendre, à former la femme ac-
» complie. Suavité enfin , qui attire tout à soi, parce qu'elle
» ne veut qu'attirer à Dieu..... » C'était bien là, en effet,
sa conduite habituelle , et son excellent mari, qui la pleure
maintenant, nous disait, au milieu de ses larmes : « Per-
» sonne ne saura jamais quel ange consolateur je perds, en
» perdant ma douce compagne ! La seule peine qu'elle m'ait
» jamais causée, a été celle de sa mort. »

Ce n'était que l'expression de la pure vérité : tous ceux
qui ont connu l'intérieur de ce ménage modèle, ont pu
voir se réaliser à la lettre, ce que l'Ecriture sainte dit de
l'épouse, par excellence : « Son mari a en elle une pleine
» confiance, car sa maison ne manquera de rien..... Le
» courage et la beauté sont sa parure; et c'est en souriant
» qu'elle verra arriver la fin de ses jours. Elle ouvre sa
» bouche à la sagesse, et une loi de douceur est sur sa
» langue..... (1). »

Soudain , au milieu de ces torrents de bonheur et de
joie, un cri déchirant se fit entendre : « La guerre est dé-
» clarée. » Puis bientôt, on apprit, coup sur coup, la dé-
faite de notre vaillante armée, la capitulation glorieuse de
l'héroïque ville de Strasbourg, la résistance admirable de
Paris : de maigres victoires étaient aussitôt balancées par
des défaites sanglantes. Après des jours entiers passés dans
les larmes, après de mortelles angoisses sur le sort peut-
être réservé à son bon mari (2), Léonie eut la joie bien

____

(1) Proverbes xxxi.
(2) Je me rappelle encore l'émotion violente et douloureuse que Léonie

courte de le voir à l'abri du danger. La position qu'il occupait alors lui donnait l'obligation de rester à Paris.

C'est ainsi que s'acheva pour elle cette lutte affreuse de cinq mois, soutenue par la population de Paris avec un héroïsme admirable. Une des dernières horreurs que Léonie eut à subir, fut le bombardement : l'appartement qu'elle occupait la mettait personnellement, ainsi que sa famille, en dehors des atteintes; mais, que d'angoisses pour ses amies, pour tant de personnes qu'elle connaissait. On s'endormait le soir sans être assuré qu'on verrait la lumière le lendemain. Son cœur en fut douloureusement frappé. Une lettre surtout en fait foi : elle est adressée à une de ses bonnes amies, Mademoiselle Valentine Remillieux; elle s'intéresse à la santé de toute la famille : « Vous » avez échappé, lui écrit-elle le 14 février 1871, vous avez ·» échappé, grâce à Dieu, aux funestes effets d'un affreux » bombardement : vous avez dû passer de tristes nuits et » de tristes journées ! tout cela est passé : espérons-le. » Comment vous portez-vous ?..... Les Prussiens favorisent » le ravitaillement, de façon à ce que les Parisiens ne » meurent point de faim..... Avez-vous eu , parmi vos » connaissances des personnes arrivant de la campagne? Il » semble, en les voyant, être sous l'impression d'un songe, » tant on éprouve de la joie en recevant des nouvelles des » uns et des autres. »

Cette lettre, à peu près la dernière écrite par Léonie, se termine par une phrase, qui est bien touchante, quand

ressentit lorsque parut la loi, appelant à l'activité tous les hommes de vingt-cinq à trente-cinq ans : elle vint voir ma mère ce jour-là même : elle avait la figure bouleversée , ses traits étaient tirés : des larmes jaillirent de sa paupière : cette expansion la soulagea, non moins que les consolations qu'on lui donna dans cette triste circonstance.

on sait la fin tragique autant qu'inattendue de cette pauvre jeune femme :

« Pour toi, écrit-elle à cette amie, si digne de ce nom, » garde le baiser affectueux de ton amie. »

N'est-ce pas comme une sorte d'adieu, résumant d'un mot sa vie, toute de sympathie et d'affection ?

Après la triste capitulation qui mit fin à ce carnage, le calme et la paix semblèrent renaître pour notre malheureuse patrie, lorsque, le 18 mars, éclata dans Paris, une de ces révolutions, dont il est difficile d'apprécier les suites désastreuses : Paris s'insurgea contre le gouvernement reconnu par le pays entier. Une troupe sans nom et sans respect d'elle-même, rendit ses armes à une vile populace : l'assassinat de deux braves généraux, universellement estimés, se joignit à ces horreurs; la guerre civile était déclarée. Aussitôt, le torrent des mauvaises passions se déchaîne, le gouvernement se retire près de Paris, conservant ainsi avec la France une libre communication.

Cette complication sanglante ne fut pas sans influence sur le dénouement terrible de cette vie si courte et pourtant si bien remplie. Léonie put voir encore, quelques jours avant de retourner à la céleste Patrie, des engins meurtriers menacer sa propre rue. Ce fut dans ces circonstances pénibles et douloureuses qu'elle mit au monde un nouvel enfant, que Dieu lui retira aussitôt. Dire le chagrin de cette mère chrétienne et de son pauvre mari, c'est chose impossible; ils ne pouvaient appeler ce pauvre petit être, un enfant de bénédiction ! Dieu ne le permit pas à ces pauvres parents ?

Mais comment finir cette lugubre histoire ! Après l'enfant, le pauvre père dut voir souffrir et mourir la mère. Un mal bientôt sans remède, une péritonite aiguë, la saisit, la renversa, la cloua pendant quatre jours, sur un lit de souffrances (1) et l'enleva inopinément à l'affection de son pauvre mari, de sa pauvre petite fille, de sa belle-mère, à la tendresse vraiment maternelle que lui avait toujours témoignée sa digne et sainte tante, la sœur Adélaïde, aux soins assidus dont l'entourait, depuis son enfance, la bonne demoiselle Lallic.

Personne, assurément, ne pourra jamais dépeindre l'accablement de cette famille, le deuil des nombreux amis qui accompagnèrent à sa dernière demeure la dépouille mortelle de Léonie. Ce fut comme un coup de foudre, aussi cruel qu'inattendu ; on voulait se persuader qu'un pareil malheur était impossible ; on refusait de croire que cette jeune et charmante femme eût bien réellement quitté la terre. Encore à présent, que le doute n'est plus possible, on se prend à croire que c'est un rêve affreux, un cauche-mar terrible, que le réveil va se produire, que cette figure sympathique va se présenter de nouveau à tous les regards. Hélas! la mort a réellement passé par là; elle a fauché, d'un coup affreux, une jeune plante, pleine d'espérance! Pauvre ami! Dieu t'éprouve! Oh! vite, un regard vers lui : implore sa Providence! *Sursum corda!*

D'ailleurs, au milieu de tous ces chagrins si cuisants, n'y a-t-il pas pour ceux qui pleurent aujourd'hui, deux sources de sérieuses consolations? A peine la dépouille mortelle de Léonie était-elle confiée à la terre, que la révolution qui n'était qu'ébauchée, prit un développement considérable. Son cœur, sensible et chrétien, n'eut pas, du moins, à assister à toutes ces scènes affreuses; le pillage, les menaces, la mort, l'incendie : elle ne vit pas,

(1) « J'espère, m'écrit son excellent mari, si consterné maintenant et si
» résigné, que les quatre jours de souffrances atroces que ma bien-aimée a
» endurées pour l'amour de Dieu, lui auront épargné le temps d'expiation
» qui doit nous justifier pour jouir de la bienheureuse éternité. »

cette sainte jeune femme, la religion outragée dans ce qu'elle a de plus auguste : les temples pillés et souillés, des prêtres fusillés comme des coupables : le vénérable archevêque de Paris lui-même, Monseigneur Darboy, malgré sa charité, si connue de tous, traité comme un malfaiteur, passé par les armes et mutilé. Oh ! c'est une vraie consolation pour son pauvre mari, au milieu de sa profonde douleur, de penser que de pareils spectacles ont été épargnés à l'âme tendre et sensible de sa chère LÉONIE.

Le désir le plus intime de cette jeune femme, dont la vie avait été si chrétienne, était de recevoir les derniers sacrements avant de quitter la terre : pendant une demi-journée, elle attendit, en vain, le prêtre qu'elle avait demandé; déjà le délire s'était emparé de ses sens, la raison l'abandonnait, lorsque parut un prêtre de sa paroisse. Aussitôt, comme par un miracle, la raison lui revint entièrement, et elle put, en toute connaissance, avec amour et foi, recevoir les dernières consolations de la religion. Dieu l'avait exaucée : elle pouvait mourir tranquille. Immédiatement après, le délire la reprenait pour ne plus la quitter.

Tous les yeux se remplirent de larmes lorsqu'on vit le funèbre convoi se mettre en marche, conduit par l'époux si chéri, maintenant si malheureux, que Dieu lui avait donné dans sa miséricorde! Puis, on vit se dérouler la longue suite de ses parents, de ses anciennes compagnes : tous avaient la figure inondée de pleurs : la consternation était générale.

Les funérailles, dignes et simples à la fois, qui furent faites à cette angélique nature, répondirent, comme elles le devaient, aux vertus et aux qualités sans nombre de cette défunte si sympathique!

Dieu, qui s'était plu à combler ce jeune ménage de tous les trésors qu'on peut désirer sur terre, s'est hâté de le séparer par un de ces coups que la providence seule de Dieu peut faire supporter. Rien ne manquait au bonheur de ces deux époux : les biens de l'intelligence et du cœur avaient élu leur séjour au milieu d'eux, sans oublier certains avantages moins précieux, mais qui ne sont pourtant pas à négliger. O mort! affreuse mort! nos yeux se remplissent de larmes, chaque fois que nous pensons aux douleurs de cette cruelle séparation. Quitter à vingt-quatre ans et pour toujours son mari, si bon, si tendre, si affectueux, une enfant si pleine de grâce et de gentillesse, n'est-ce pas un immense sacrifice! Et pourtant Dieu, dans sa miséricorde, donna à cette jeune femme le courage de l'accomplir pleinement, entièrement.

« Ne pleures pas, mon ami, disait-elle à son pauvre
» mari, ne pleures pas, je suis plus heureuse que toi :
» nous nous reverrons un jour dans un monde, où tout est
» bonheur, et nous serons éternellement unis. »

Oh oui! c'est bien là notre espoir : un jour viendra où le ciel s'entr'ouvrira devant nous, nous nous y précipiterons avec joie, alors il n'y aura plus ni pleurs, ni chagrins, ni douleurs!

O quando lucescet dies!

A. BEAUGRAND,
Avocat à la Cour d'appel de Paris.

Juin 1871.

Bar-le-Duc, Imprimerie CONTANT-LAGUERRE.

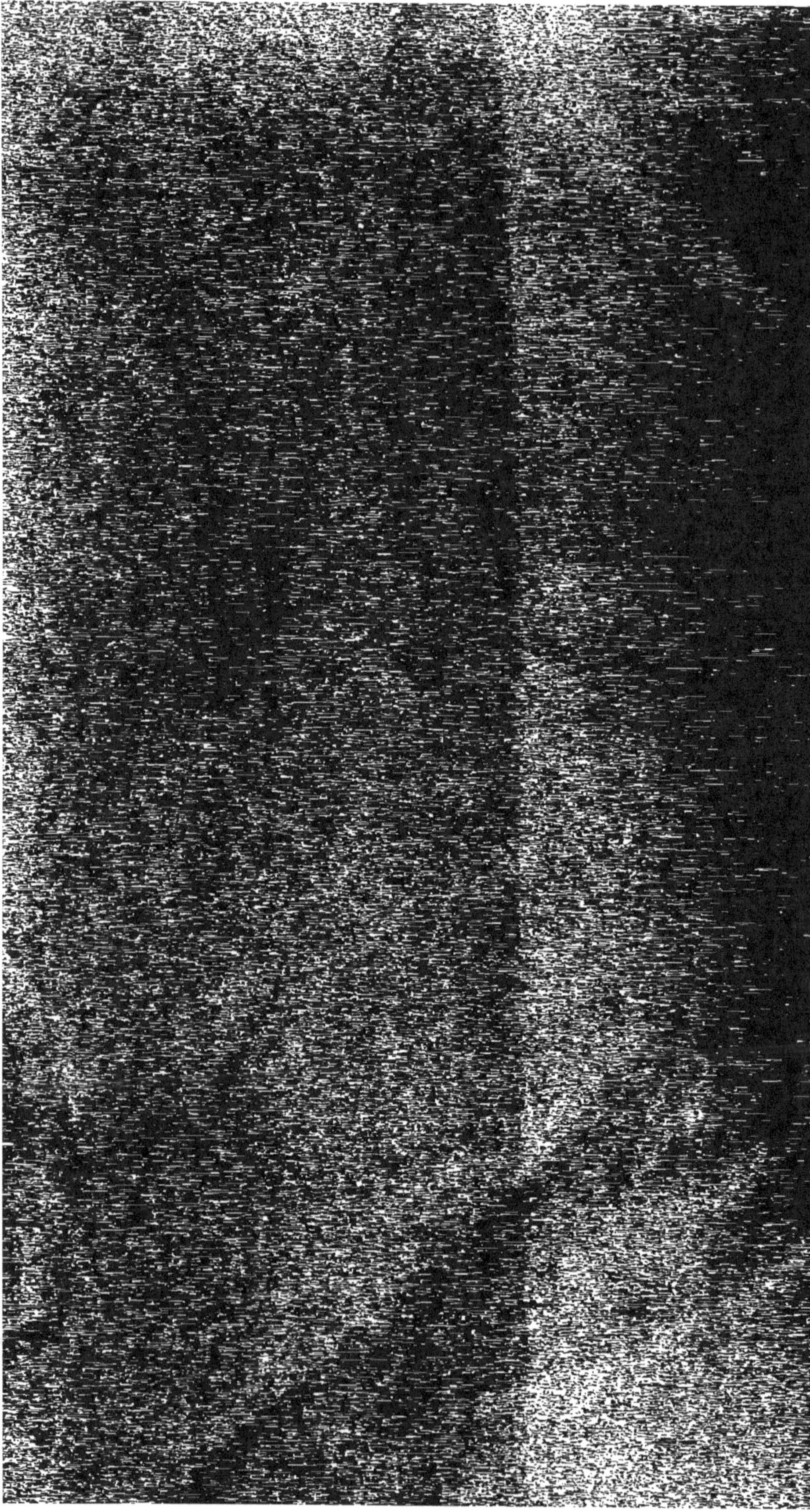